Olha eu aqui! Eu tinha 9 anos.

A árvore da família

Maísa Zakzuk

Ilustrações
Tatiana Paiva

16ª impressão

Texto © Maísa Zakzuk
Ilustração © Tatiana Paiva

Direção editorial
Marcelo Duarte
Patth Pachas
Tatiana Fulas

Gerente editorial
Vanessa Sayuri Sawada

Assistentes editoriais
Henrique Torres
Laís Cerullo

Assistente de arte
Samantha Culceag

Edição de arte
Juliana Vidigal

Fotos
Arquivo pessoal da autora

Preparação de texto
Alessandra Miranda de Sá

Agradecimento
Lauro Ribeiro Escobar

Impressão
Loyola

CIP – BRASIL. CATALOGAÇÃO NA FONTE
SINDICATO NACIONAL DOS EDITORES DE LIVROS, RJ

Zakzuk, Maísa
A árvore da família/ Maísa Zakzuk. 1. ed. – São Paulo: Panda Books, 2007. 40 pp.

ISBN: 978-85-88948-62-4

1. Zakzuk (Família). 2. Genealogia. I. Título.

07-3493   CDD: 929.2
                                                CDU: 929.52

2024
Todos os direitos reservados à Panda Books.
Um selo da Editora Original Ltda.
Rua Henrique Schaumann, 286, cj. 41
05413-010 – São Paulo – SP
Tel./Fax: (11) 3088-8444
edoriginal@pandabooks.com.br
www.pandabooks.com.br
Visite nosso Facebook, Instagram e Twitter.

Nenhuma parte desta publicação poderá ser reproduzida por qualquer meio ou forma sem a prévia autorização da Editora Original Ltda. A violação dos direitos autorais é crime estabelecido na Lei nº 9.610/98 e punido pelo artigo 184 do Código Penal.

LE MINISTRE PLÉNIPOTENTIAIRE,
DÉLÉGUÉ DU HAUT-COMMISSAIRE AUPRÈS
DE L'ÉTAT DE SYRIE
Le Chef de la Sûreté Générale
de l'État de Syrie

Dedico este livro à melhor família do mundo, que pode ser a minha ou a sua

Meu avô Amin, pai do papai

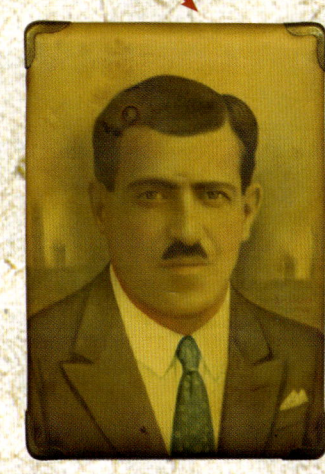 

Minha avó Mehje, mãe do papai

Apresentação

Desde que me conheço por gente sou obrigada a explicar a origem do meu sobrenome. "Zak... o quê?" Nos tempos de escola, tinha a explicação na ponta da língua: "Zakzuk é um sobrenome sírio, da família do meu pai". Em seguida vinha sempre a pergunta: "E por parte de mãe?". "Ô manhê... O seu pai era de onde? E a vovó?"

No meu caso, por parte de mãe tenho um pedacinho do Líbano e outro de Portugal. Anotou aí? Síria, Líbano e Portugal. O meu filho tem ainda um pouquinho de sangue espanhol do pai, que também tem família portuguesa. Ou seja: somos todos uma grande mistura de famílias. Todo mundo tem o lado familiar da mãe e do pai. Mas que mistura é essa?

Xi, se você for igual a mim, deve viver fazendo perguntas para o papai, para a mamãe e para os vovós. Onde nasceu a mãe do meu bisavô paterno? Quando eles chegaram ao Brasil? Como eles se conheceram? Eu, pelo menos, era (e sou) a maior "perguntadeira". As perguntas pareciam não ter fim e algumas delas nem mesmo a mamãe e o papai sabiam responder, acredita?

Desde então, comecei a colecionar informações e a descobrir fatos incríveis sobre meus parentes. Quando percebi, estava montando a minha árvore da família.

Maísa Zakzuk

Raiz, galhos e folhas

Imagine que sua família é uma árvore. Toda árvore tem raiz, galhos e folhas. Cada menino ou menina que nasce é uma nova folhinha que aparece nela. A gente pode chamar essa árvore de "árvore da família". Ao menos, é assim que chamo a minha.

Em que lugar do mundo minha família começou a existir?

Quantas gerações já existiram?

Como viviam meus **antepassados?**

Como eles chegaram até aqui?

O que eles faziam, onde moravam, o que comiam?

A maioria dessas perguntas tem respostas. Descobri-las é preservar nossa própria história e não deixá-la cair no esquecimento. Existem pessoas que se dedicam profissionalmente a pesquisar a origem das famílias, isto é, a descobrir todas as folhinhas e galhos para montar a árvore. Esse estudo é chamado de **genealogia.** Genial, não é?

As pessoas que vieram antes de nós na família são nossos antepassados. Também são chamados de ancestrais.

Genealogia

É o estudo da origem das famílias. Por meio dela é possível descobrir quem nasceu antes de você. As várias gerações que se formam, uma após a outra, se desenhadas, podem lembrar o formato de uma árvore. Por isso o desenho da família é chamado de "árvore genealógica". Montar uma árvore genealógica possibilita conhecer e preservar a história da sua família.

Os galhos da árvore crescem de formas diferentes em cada família. Isso quer dizer que os formatos nunca são iguais. Tem árvore com muitas folhas. Outras com pouquinhas. Algumas pessoas se casam mais de uma vez, e as suas ramificações vão ficando diferentes.

A gente pode ganhar um meio-irmãozinho, daí nossa árvore cresce ainda mais. Com os casamentos, ela vai se cruzando com outras famílias. São várias em uma só. Cada uma dessas linhas é chamada de "geração". O seu pai e a sua mãe são de uma geração anterior à sua. Os seus avós são de duas gerações anteriores. Seu tataravô está bem perto da raiz da árvore. Já a próxima geração será formada pelos seus filhos e pelos filhos dos seus irmãos.

Quando falamos da nossa própria árvore, nos referimos a um montão de outras dentro dela.

Como é que a gente veio parar aqui

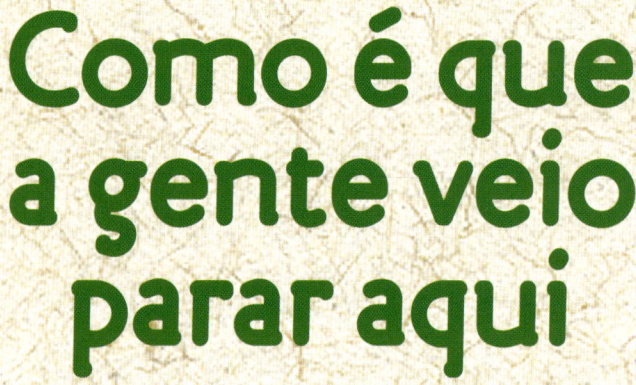

Imigrante é a pessoa que se estabelece em um país diferente daquele onde nasceu.

Você já ouviu alguém falar que é descendente de algum povo? Os pais do meu pai nasceram na Síria, um país que fica na Ásia, a muitos quilômetros de distância daqui. Há mais de noventa anos, eles embarcaram em um navio e demoraram trinta dias para chegar na cidade de São Paulo. Meus avós maternos nasceram aqui no Brasil. Minha bisavó veio de Portugal, e meu bisavô, do Líbano. No Brasil, essas misturas de nacionalidades são muito comuns devido ao grande número de **imigrantes**.

A partir de 1870, o estado de São Paulo recebeu muitos estrangeiros que deixavam sua nação à procura de uma vida melhor, em uma terra ainda desconhecida. Fugiam da pobreza, dos conflitos, das guerras, de perseguições religiosas. Os imigrantes começaram a chegar a São Paulo antes da abolição da escravatura. Mas somente após a Lei Áurea é que conseguiram empregos nas lavouras. Para o governo paulista, que enfrentava a carência de mão de obra, os imigrantes eram importantes. Tão importantes que São Paulo pagava as passagens para quem quisesse vir trabalhar nas fazendas de café.

Os imigrantes vinham de navio e desembarcavam no porto de Santos. De lá, na maioria das vezes, seguiam de trem para a **Hospedaria de Imigrantes**, no bairro paulistano da Mooca.

Em pouco tempo, essas famílias foram se misturando com brasileiros e com outros imigrantes do mundo inteiro. Era um tal de casamento de português com índio, italiano com árabe, espanhol com japonês, armênio com alemão... E assim nasciam brasileiros com origens bem diversas.

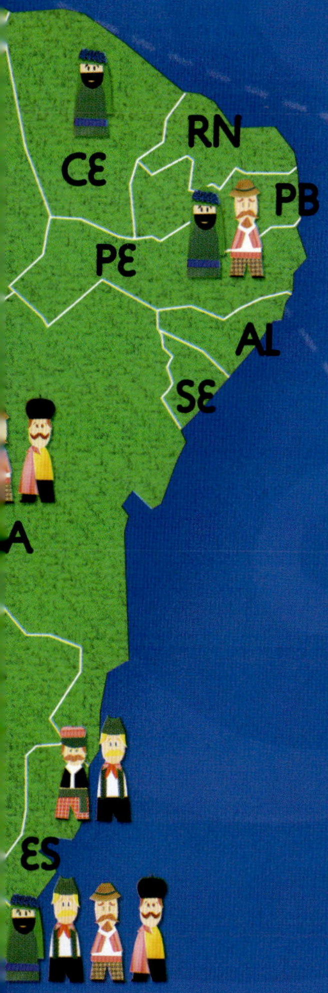

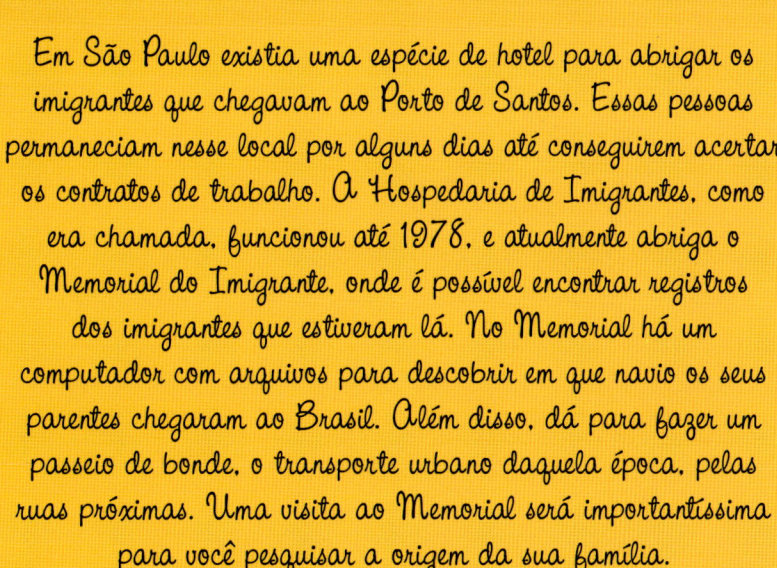

Em São Paulo existia uma espécie de hotel para abrigar os imigrantes que chegavam ao Porto de Santos. Essas pessoas permaneciam nesse local por alguns dias até conseguirem acertar os contratos de trabalho. A Hospedaria de Imigrantes, como era chamada, funcionou até 1978, e atualmente abriga o Memorial do Imigrante, onde é possível encontrar registros dos imigrantes que estiveram lá. No Memorial há um computador com arquivos para descobrir em que navio os seus parentes chegaram ao Brasil. Além disso, dá para fazer um passeio de bonde, o transporte urbano daquela época, pelas ruas próximas. Uma visita ao Memorial será importantíssima para você pesquisar a origem da sua família.

Rua Visconde de Parnaíba, 1316 – Mooca – São Paulo – SP
www.memorialdoimigrante.sp.gov.br

O repórter da família

Uma vez que decidir pesquisar sua árvore, você se torna uma espécie de repórter: o repórter da família. E lembre-se: é preciso ser insistente, pois alguns parentes podem achar que é uma tarefa difícil e quase impossível. Mas que tal surpreendê-los com as suas descobertas? Você vai ver que, pouco a pouco, toda a família ficará envolvida.

Para começar, seria interessante escolher um local para armazenar anotações, documentos e fotografias que você vai "colecionar" ao longo da sua reportagem. O computador facilita na pesquisa e na organização dos dados. Feito isso, você já está pronto para começar.

A primeira parte da sua reportagem é entrevistar uma pessoa que está a seu alcance: você! Sim... Ninguém mais, ninguém menos do que você. Pode ser que não saiba muita coisa sobre si próprio. Se precisar de ajuda, não hesite. Peça auxílio aos adultos. As informações não podem conter erros! Assim você terá dado o primeiro passo na pesquisa da árvore da sua família.

Para facilitar seu trabalho, organize as perguntas em fichas como fazem os repórteres de verdade. Não se esqueça de deixar espaço para escrever as respostas. Veja como é simples no modelo ao lado.

A minha história

cole aqui a sua foto

Meu nome é:

Quem escolheu o meu nome?

Por que tenho este nome?

Onde nasci?

Em que dia, mês e ano?

Nome completo dos meus pais

Quando e onde eles se casaram?

Nome completo dos meus irmãos

Nome completo dos meus avós paternos

Nome completo dos meus avós maternos

Onde moro e outros endereços onde morei

Mais histórias:

Por que me chamo assim?

Pedro de Alcântara Francisco Antônio João Carlos Xavier de Paula Miguel Rafael Joaqu...

Gabriel? Pedro? Mariana? Você já se perguntou quem escolheu o seu nome e por quê? O primeiro nome está relacionado à história de cada um de nós dentro da família. Está aí o primeiro passo para a sua pesquisa: buscar informações sobre o seu próprio nome.

A minha mãe, professora de música, escolheu o meu nome por causa de uma cantora de quem ela gostava muito. Além disso, ela achava o nome Maísa bonito. Minha mãe se chama Mercia porque a minha avó leu esse nome em um livro de que gostou. O meu pai se chama Antonio porque minha avó era devota de Santo Antônio. Meu filho se chama Antonio porque eu quis homenagear o meu pai. Na família do meu marido todos os irmãos têm o nome iniciado com a letra M – essa é uma tradição bastante forte.

Vários motivos levam os pais ou responsáveis a escolher o nome de um bebê. Quer saber por que você tem este nome? Veja se o seu lhe foi dado por alguns dos motivos a seguir.

Nomes de índio

Cada povo indígena tem costumes e tradições próprios. Por isso, a relação dos índios com seus nomes varia muito. Alguns recebem nomes ligados à natureza, com referências ao Sol, à Lua, à floresta, aos rios. Em algumas tribos, como a *kaiabi*, os nomes podem ser trocados várias vezes durante a vida. A criança recebe um nome ao nascer e é batizada de tempos em tempos com outros nomes, seguindo suas características físicas ou psicológicas. Os nomes também podem trocar à medida que os índios conquistam novas posições sociais ou passam por experiências marcantes. Os nomes indígenas são tão bonitos que também batizam hoje em dia várias crianças de outras raças no Brasil. Nomes como Cauã, Iracema e Maiara são de origem tupi-guarani.

Dom Pedro I

Você conhece alguém com um nome tão comprido quanto o do imperador brasileiro dom Pedro I? Pedro de Alcântara Francisco Antônio João Carlos Xavier de Paula Miguel Rafael Joaquim José Gonzaga Pascoal Cipriano Serafim de Bragança e Bourbon. Ufa! Na verdade, ele tinha muitos prenomes, mas apenas dois sobrenomes: Bragança e Bourbon.

José Gonzaga Pascoal Cipriano Serafim de Bragança e Bourbon.

Seu nome, sua história

Os pais pensam muito antes de dar nomes aos seus filhos. Escolhem alguns bonitos e imponentes, esperando que o nome tenha influência na vida daquele que o carregar. É por meio do nome que uma pessoa se identifica quando alguém lhe pergunta quem ela é. Será que na época em que você nasceu o seu nome estava na moda? Isso mesmo. Tem gente com nome de personalidades marcantes do período. Em época de Copa do Mundo, por exemplo, muitos bebês são registrados com nome de jogadores de futebol. Mas há outros casos realmente interessantes e curiosos:

Fusão de dois nomes

É muito comum criar um nome original unindo o nome dos pais. O papai se chamava Geraldo, e a mamãe, Zizinha. Juntando os dois, nasceu o famoso escritor e desenhista Ziraldo. Um torcedor da Seleção Brasileira de Futebol foi mais longe. Para homenagear a conquista do tricampeonato, em 1970, batizou o filho de Tospericargerja – as iniciais de seis jogadores: Tostão, Pelé, Rivelino, Carlos Alberto, Gérson e Jairzinho.

Parentes mortos

Os judeus têm o costume de nomear seus filhos com nomes de parentes que já morreram como forma de homenageá-los.

Nomes estrangeiros

Pode ser que seu nome seja comum em outro país. Da Rússia, importamos o nome Sacha. Da Inglaterra, Diana. Da França, René.

Religião

Gabriel, Lucas, Mateus... são nomes de personagens da Bíblia. Será que o seu vem daí?

Personalidades

Que tal ter o nome de um personagem de novela? Ou então do médico que fez o seu parto? Muitas pessoas gostam tanto de alguém ou de algum personagem que decidem colocar o nome deles em seus filhos.

Como nasceram os sobrenomes

Toda família tem um nome. De uns tempos para cá, as famílias passaram a ser identificadas também por um *sobrenome*. Família Silva, família Tanaka, família Moraes, família Santos, família Lee, e tantas outras mais. Escrevi "de uns tempos para cá" porque essa história de sobrenome é bem recente. Até a Idade Média, as pessoas tinham apenas nomes. Era um jeito de chamá-las e de distingui-las dentro de uma comunidade ou de uma família. Por exemplo, meu nome completo seria apenas MAÍSA. E dessa época de que estamos falamos, o número de pessoas era pequeno. Só que a população foi aumentando... E aí começou a confusão. Imagine quando um visitante chegava a uma aldeia e perguntava por alguém. Havia muitas pessoas com o mesmo nome. Na Inglaterra, no século XIV, por exemplo, dois em cada três homens se chamavam Henry, William, Robert, John ou Richard. Por isso era preciso explicar qual deles estava sendo procurado: "Procuro John, filho de William", ou "John, o marceneiro", e até mesmo "Richard, que mora perto do rio".

Dessa necessidade de diferenciar pessoas com o mesmo nome surgiram os sobrenomes. Veja a seguir algumas formas que as pessoas usavam.

Associação ao local de nascimento ou de moradia

Se o sujeito morasse em Braga, cidade portuguesa, seria chamado de Guilherme Braga. Outras cidades e regiões viraram sobrenomes bem conhecidos: Cardoso, Coimbra, Guimarães, citando apenas alguns exemplos. Pesquisadores acreditam que, por causa disso, passaram a existir também os "de" e "da" após o primeiro nome da pessoa, como podemos ver no caso de Alexandre da Macedônia.

Referência a tipos de plantação do local onde a pessoa morava ou frequentava

Dessa maneira surgiram os sobrenomes como Oliveira, onde se cultivavam azeitonas; Pereira, peras; Macieira, maçãs, e por aí vai.

Características físicas

Felipe, o Belo, é um exemplo. Assim como Calvo (careca), Grande, entre outros. Muitos sobrenomes referentes a animais surgiram por semelhança com traços de personalidade das pessoas: Leão, Carneiro, Lobo etc.

Profissão

O sobrenome inglês Taylor, por exemplo, significa "alfaiate". O sobrenome alemão Schneider tem a mesma tradução. Por falar em alemão, o sobrenome do campeão de Fórmula 1, Michael Schumacher, quer dizer "sapateiro".

Derivação do nome do pai

Esse tipo de sobrenome é chamado de *patronímico*. Fernandes seria o "filho de Fernando". É o mesmo caso de Rodrigues, filho de Rodrigo. Esse tipo de sobrenome é comum na maioria dos países, tendo apenas a terminação ou o início diferentes.

Homenagem

No Brasil, os negros africanos trazidos para o trabalho escravo usavam o sobrenome dos seus proprietários ou eram batizados com nomes de origem religiosa, como Batista ou Jesus. Isso também era comum entre os sertanejos mais pobres. O avô do ex-presidente do Brasil José Sarney, por exemplo, era empregado de um certo *Sir* Neil.

Proteção contra perseguições

Muitas pessoas com sobrenomes judaicos os alteravam para se proteger de perseguições. Alguns traduziam, outros reduziam ou aumentavam os sobrenomes originais. Muitos os adaptavam à língua do país para o qual migravam. Por exemplo: *Frummer*, que significava "religioso", tornou-se *Farmer* ("fazendeiro", em inglês).

A função do sobrenome, que é a de manter laços e traçar a história e a cultura de uma família, em muitos casos foi deixada de lado.

Índios têm sobrenome?

A chegada dos colonizadores portugueses e o contato com os índios acabou levando a tradição de usar sobrenomes também para as aldeias. Os índios escravizados, a exemplo dos negros africanos, adquiriram seus sobrenomes de padres, benfeitores, padrinhos e até mesmo de seus senhores. O povo indígena, em alguns casos, também determinou esse sobrenome. Potiguar em tupi-guarani significa "comedor de camarão". Por causa disso, vários descendentes da tribo dos potiguares adotaram o sobrenome Camarão quando foram batizados. O mais famoso deles foi Felipe Camarão, um herói do Rio Grande do Norte.

Os sobrenomes mais populares

Veja só como é curioso observar de onde surgiu tanta popularidade.

Smith

Nos Estados Unidos, o sobrenome mais popular é Smith. Existem aproximadamente 3,3 milhões de Smiths por lá. Esse sobrenome foi traduzido para várias línguas. Em português, Smith quer dizer "ferreiro"; em árabe, é o sobrenome Haddad; em francês, Lefèvre.

Wang

Na China, o governo enfrenta um sério problema com os poucos mais de cem sobrenomes para 1,31 bilhão de habitantes. Existem 93 milhões de pessoas com sobrenome Wang, o mais comum no país, seguido de Li (92 milhões) e Zhang (87 milhões).

Silva

A origem do sobrenome Silva, um dos mais populares do Brasil, é controversa. Sabe-se que Silva foi utilizado há milhares de anos, no Império Romano, como uma espécie de apelido para se referir aos cidadãos que vinham da selva (*silva*, em latim, significa "selva", "floresta" ou "bosque"). Muitos portugueses passaram a utilizar esse sobrenome quando a Península Ibérica foi invadida pelos romanos. Com a chegada dos portugueses ao Brasil, em 1500, um grande número de Silvas desembarcou por aqui. Para ajudar na popularização, muitos escravos vindos da África sem sobrenome passaram também a incorporar o Silva. Há, entretanto, outro fator que pode ter contribuído com a difusão desse sobrenome. Os portugueses que chegavam aqui recebiam um complemento ao sobrenome original: "Costa" para os que iam ao litoral; "Silva" para os que iam ao interior. Levando em conta que o maior número de escravos concentrava-se nas fazendas do interior, o Silva sofreu um aumento considerável.

Santos

No Brasil, era muito comum as famílias escolherem seus sobrenomes para homenagear santos religiosos, como Conceição, Assis e Aquino. Santos, aliás, era o sobrenome inicialmente dado às pessoas que nasciam no Dia de Todos os Santos (1º de novembro). Outra origem é uma referência à região de Sierra de Los Santos, em Andaluzia, na Espanha.

Depois de tantos exemplos, busque a origem de seu próprio sobrenome. Foi assim que descobri o meu "Zakzuk". Na verdade, soube de duas histórias, por isso não sei qual é a verdadeira. Papai conta que vovó dizia: "Zakzuk é o nome de um pássaro muito rápido, que não para quieto". Já o meu primo americano Boris conta outra história completamente diferente. Ele diz que existia um sujeito na Síria, um de nossos ancestrais, que morava numa cidade chamada Zak. Com frequência ele viajava para outra cidade, Zuk. Foram tantas viagens de Zak a Zuk que seu sobrenome tornou-se Zakzuk. Adoro as duas versões. Qual será a verdadeira?

Mudança de sobrenome

Para montar a árvore da sua família é muito importante descobrir o nome original dela. Isso porque alguns sobrenomes sofreram alterações e os motivos são diversos. Muitas vezes, imigrantes mudavam os sobrenomes para serem mais aceitos no país para onde haviam seguido. Outros, por motivo de racismo, trocavam-no ou o traduziam. Outro exemplo comum era adaptar nome e sobrenome a outro idioma.

De volta às origens

Tem gente que viaja para conhecer o lugar onde o pai ou o avô nasceram. As cidades antigamente não eram tão grandes como hoje em dia. Por isso, conhecer esses locais é ainda mais emocionante. É uma boa oportunidade também para procurar documentos que falem de antepassados mais antigos. Já imaginou a sensação de descobrir os nomes ou os documentos de seus bisavós, trisavós, tataravós? O mais fascinante mesmo é que você poderá viajar para outras cidades ou outros países, por outras épocas, apenas por meio das histórias da pesquisa. Sem sair de casa, você vai viajar no tempo e no espaço!

Brasões

Você já ouviu falar em heráldica? É a ciência que estuda os brasões. Os brasões representavam famílias ou organizações e surgiram para facilitar a identificação das pessoas nos campos de batalha e em torneios. E o que isso tem a ver com a árvore genealógica? Para os genealogistas, encontrar o brasão de uma família pode dar pistas preciosas e levar a grandes descobertas. É possível saber a posição de nobreza ou a nação de origem, por exemplo. Agora que você já sabe o que é um brasão, já reparou a quantidade de figuras que ele pode apresentar? Elmos, animais, vegetais. Repare que há cores diferentes, desenhos de castelos, torres, cruzes. Tanta coisa para olhar e para decifrar...

Como eu plantei a minha árvore

Quando fiquei grávida de meu filho, resolvi montar a árvore da nossa família de presente para ele. Não precisei de pá, terra ou muda. Só de muita pesquisa. Está sendo uma experiência maravilhosa! Em primeiro lugar, é curioso saber que existem parentes meus espalhados pelo mundo inteiro. A internet ajudou muito nessa procura. Quando iniciei a minha pesquisa, coloquei o nome da família em sites de busca. Comecei pelo sobrenome do papai, Zakzuk, e fiz muitas descobertas.

Uma delas é que minha família tem até uma *miss* na Colômbia! O nome dela é Paola Zakzuk. Ela tem 23 anos e nasceu na ilha San Andrés. Encontrei outros dois parentes na Colômbia: Alejandro Zakzuk, engenheiro naval, mora em Cartagena; e Carlos Zakzuk, também engenheiro, vive em Bogotá. Eles sempre me convidam para passar as férias por lá.

Boris Zakzuk – o que me contou a história do sobrenome, lembra-se? – é médico e mora numa cidadezinha próxima de Nova York, nos Estados Unidos. Tem três filhos. Começamos a nos corresponder por e-mail e ele chegou a me visitar em São Paulo. Reuni toda a ala brasileira da família para recepcioná-lo. Apesar de morarmos na mesma cidade, quase não nos encontrávamos. Estavam 22 Zakzuks em minha casa. Por coincidência, Boris está há bastante tempo traçando a árvore genealógica da família Zakzuk. Durante o encontro fiquei cruzando a minha árvore com a dele, e encontramos o galho que unia as duas pontas da família: o meu bisavô Youssef e o avô dele, Nicolas, eram irmãos. Olha só que incrível!

Estamos sempre em contato por e-mail, trocando histórias, fotografias, ou mesmo receitas. Não vejo a hora de conhecer toda a família. Quem sabe poderíamos nos reunir em alguma cidade? Teria de ser um local bem grande para caber todo mundo! Minha árvore está ficando linda, grande, e muito rica de histórias.

Percebi que montar uma árvore da família é uma maneira muito legal de reforçar os laços que temos com os nossos antepassados.

Agora é a vez de você plantar a sua

Então, que tal desenhar a árvore da sua família? Quando se começa a fazer a pesquisa, a primeira descoberta fascinante é que não temos apenas uma família. Você pode ter um sobrenome só, como eu, mas sua origem está ligada a uma porção de gente. Temos muitas famílias dentro de nós que fazem parte da nossa história. Pessoas que foram se juntando, casando e tendo filhos, até chegar em você. Pessoas que podem ter vivido (ou viver ainda) em lugares que nem se imagina. Descobrir parentes ao redor do mundo e de diferentes épocas é uma experiência incrível!

Os preparativos para a apuração

Você já deve ter visto inúmeras imagens de repórteres em ação. O repórter leva uma lista com as perguntas que não podem deixar de ser feitas. Você já tem um modelo de entrevista que pode ser utilizado. Aquelas perguntas são básicas. Fique à vontade para criar outras. Um exemplo: saber a cor dos olhos de seus parentes. Com essa informação vai ficar mais fácil saber quem os filhos puxaram de verdade.

Se for possível, leve um gravador para fazer a entrevista. Além de os depoimentos gravados serem úteis para conferir as respostas, a gravação é uma boa maneira de não deixar a história da sua família se perder. O mesmo vale para máquinas fotográficas ou câmeras de vídeo. Ah, sim, teste o gravador antes da entrevista e leve sempre fitas ou pilhas de reserva. Mantenha a calma na hora da conversa e não tenha vergonha de checar a sua ficha para conferir se não faltou alguma pergunta.

Como em todo trabalho, faça um planejamento das pessoas que precisa entrevistar. Crie listas com nomes e a ordem em que deseja entrevistá-los. Geralmente, é mais fácil começar com os pais e os avós. Depois, valem tio, tia, primos e primas. Pessoas muito ligadas à família também podem dar boas contribuições. Não se prenda somente à sua lista de perguntas. Muitas questões surgidas no momento da entrevista enriquecerão a pesquisa. Veja alguns exemplos de questões que você pode incluir na ficha.

> Pode ser que o seu sobrenome seja comum aqui no Brasil, e que, numa rápida pesquisa, você descubra uma infinidade de "parentes". Aí é que fazer a árvore vai ficar mesmo divertido. Já pensou se você descobrir algum parentesco, mesmo distante, com um astro da TV, um jogador de futebol ou um ex-presidente da República?

A minha pesquisa

Hábitos e tradições que trouxeram de sua terra natal.

Como foi a adaptação ao novo país?

Qual era a profissão ou ocupação?

Do que gostaram à primeira vista quando chegaram ao Brasil?

Possuem algum objeto pessoal trazido da terra natal?

Mais histórias:

* No caso de imigrantes, pode-se perguntar o nome do navio em que chegaram e o que comiam durante a viagem.

* Observação importante: no caso de mulheres, pergunte o nome de solteira e o de casada.

É bom lembrar que você deve fazer essa entrevista tanto do lado do papai quanto do lado da mamãe. Procure fotos e documentos da família. Valem certidão de nascimento, certidão de casamento, cartas, carteirinhas de sócios de clubes, testamentos e registros diversos. Com esse material, você vai conseguir descobrir os hábitos de uma época: o que se vestia, como as mulheres arrumavam o cabelo, que lugares as pessoas frequentavam etc.

Receita que dá água na boca

Essa mistura de gente dentro das nossas árvores ajudou também a conhecermos costumes, palavras, comidas diferentes. Os árabes trouxeram palavras como azeite, açúcar e algodão, além de receitas deliciosas de esfiha e quibe. Dos italianos, aprendemos as palavras piano, serenata, maestro, banquete... Por falar em banquete, que tal um belo prato de espaguete e uma pizza de mussarela, hein? Os americanos lotaram nosso vocabulário. Deles vieram termos como shopping center, piquenique, futebol... Fora o hambúrguer com *milk-shake*. E os seus antepassados? Que palavras diferentes eles usavam? Como é feito aquele prato que é a especialidade de sua vovó?

As palavras que o vovô dizia que eu não entendia

Convivi pouco com os meus avós paternos porque eles faleceram quando eu era bebê. Mas isso não impediu que eu tivesse influência deles na minha vida. Eles vieram de Damasco, cidade da Síria. Falavam árabe, mas aprenderam o português. Quando mamãe e papai falam deles, utilizam as palavras *jido* e *sito*, que significam "avô" e "avó" em árabe. Já imaginou o meu filho chamando meus pais assim também?

Eu adoro esse quibe assado.

A receita que a vovó mais gostava de fazer

Minha avó adorava cozinhar. Mesmo tudo sendo bem mais trabalhoso naquela época. Papai conta que nem geladeira eles tinham. Tudo era comprado, preparado e consumido no dia, fresquinho. Vovó tinha os lugares certos para abastecer a casa com os ingredientes. Eles moravam bem próximo do Mercado Central, em São Paulo, e todos os dias papai frequentava o local com ela. Até hoje ele faz compras lá. E eu também.

Vovó gostava muito de fazer quibe assado. Agora quem faz é o (papai) e eu adoro! Me conta que, antes, não sabia nem fritar ovo, mas se tornou o cozinheiro oficial da família. Aprendeu direitinho! Hum... Lá vai a receita.

Trigo para quibe

Quibe assado da vovó Mehje
1 quilo de carne moída crua
400 gramas de carne moída refogada com cebola
400 gramas de trigo para quibe
1 cebola ralada
sal
pimenta síria
manteiga
óleo de soja

Modo de preparo
Lave bem o trigo e deixe de molho por meia hora. Esprema bem e misture com uma parte da carne moída crua. Acrescente a cebola bem raladinha, o sal e a pimenta. Unte uma assadeira com manteiga e espalhe uma camada de quibe bem fina, alisando-a com as mãos molhadas. Em seguida, espalhe uma camada da carne moída refogada. Cubra com a outra parte do quibe.

Faça cortes em formato quadrado e regue com óleo. Leve para assar em forno bem quente.

Famílias sempre curiosas

De tanto fazer perguntas para meus pais, acabei descobrindo uma porção de histórias sobre a minha família. Fiz uma lista das minhas curiosidades favoritas. Que tal fazer a sua também? Crie uma outra ficha só para colocar coisas muito legais e engraçadas que toda família tem.

O prédio onde meu pai nasceu, no largo dom Pedro, no centro da cidade de São Paulo, existe até hoje.

Minha avó tinha tanto medo de lagartixa quanto eu!

Meus avós paternos eram primos, mas só se conheceram no Brasil.

Foi minha mãe quem ensinou minha avó síria a ler em português (ela só sabia árabe).

Minha avó materna se chamava Antonietta, meu pai se chama Antonio, e meu filho também.

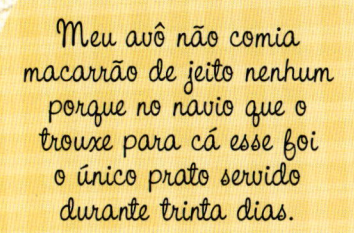

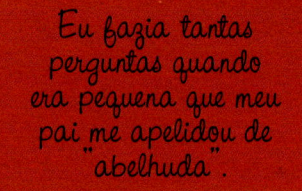

Meu avô não comia macarrão de jeito nenhum porque no navio que o trouxe para cá esse foi o único prato servido durante trinta dias.

Eu fazia tantas perguntas quando era pequena que meu pai me apelidou de "abelhuda".

onietta
onio
oninho

Desde os meus avós, existe uma tradição na família: mulheres têm nomes com M. e homens com A. Mehje (minha avó) casou-se com Amin (meu avô) e teve Antonio Amin (meu pai). Antonio Amin casou-se com Mercia (minha mãe) e tiveram três filhos: Amauri Amin, Milene e Maísa (eu). Até que eu quebrei a tradição. Casei-me com um M (Marcelo), mas me redimi colocando o nome do meu filho com a letra A (Antonio).

A minha voz é igualzinha a da minha avó.

Carteira de identidade da vovó
Papai, aos 9 anos
Vovó Mehje
Documento de identidade do vovô
Carteira profissional do vovô

As joias da família

Ao pesquisar sobre sua árvore genealógica, você acaba se tornando uma espécie de colecionador das "joias da família". Tudo é válido para aprofundar as informações e conhecer melhor suas origens. Valem convite de casamento da sua avó, fotos da festa de debutante da sua tia, e assim por diante.

É também muito importante colecionar documentos do presente, porque um dia serão do passado, e alguém vai dar continuidade à preservação desse material. Você pode conservar convites, cadernos (de receitas, diários, de autógrafos), certificados, diplomas, fotografias, cartas, medalhas, alianças, livros...

Hora de montar a árvore

A sementinha já foi lançada, e você começou a pesquisa com a sua família. Ela pode ser organizada em uma simples lista de nomes, ou pode ser mais divertida se você a distribuir numa linda árvore. Como vai precisar de muito espaço, recomendo que esse trabalho seja feito em cartolinas.

É você quem vai escolher a organização dos dados pesquisados. A criatividade fica por sua conta. A árvore é apenas um dos formatos que podem representar a sua família. Veja outros modelos para se inspirar.

Comece desenhando um modelo mais simples. Coloque você e seus irmãos no topo da árvore. Abaixo, escreva os nomes de seu pai e de sua mãe. Mais embaixo, os de seus avós maternos e paternos. Continue sempre assim, até onde conseguir chegar com sua pesquisa. Aos poucos, você poderá ir incrementando a sua árvore, colocando também tios, tias, primos e primas. Depois os irmãos de seus avós e descendentes deles também entram. Sua árvore vai ficar do tamanho de uma floresta!

Como fica a árvore se você nasceu numa família, mas convive com outra

Essa situação é bem mais comum do que imaginamos. No Brasil, muitas crianças são adotadas anualmente. Se você é adotado, o primeiro passo é conversar com as pessoas com quem você convive. Para facilitar, entreviste as que estão mais próximas. Montar a árvore é uma demonstração de afeto pela família, seja ela adotiva ou biológica. Aliás, se você for adotado, é um privilegiado. Afinal, poderá montar duas árvores! Nunca esqueça: todos somos o resultado de muitas famílias. Há pessoas que têm pai e mãe desconhecidos. Se esse for o seu caso, isso não vai impedi-lo de montar a árvore. Você vai ver que a sua pode ser muito grande e bonita também.

Uma única árvore para todo o mundo

Enquanto escrevo, acaba de chegar uma mensagem com fotos de minhas primas da Colômbia. Puxa, como elas estão lindas! Vou aproveitar e mandar também as fotos que fiz do primeiro aniversário do Antonio. Não é o máximo descobrir que a nossa família está espalhada pelos quatro cantos do planeta? Acho até que dá vontade de cuidar melhor do mundo. Cada lugarzinho pode ter um parente meu.

Sabe o que percebi? Quando todas as árvores da família de todos os habitantes do mundo ficarem prontas, a gente vai entender que todos somos parentes uns dos outros. Alguma ligação em algum galho, em alguma folha, ou mesmo em alguma raiz, vai aparecer. Não ia me surpreender descobrir que, no mundo, formamos uma única família, todos debaixo da sombra de uma mesma e enorme árvore.

Meu filho, Antonio, vai dar continuidade à minha árvore. Você também tem papel importante na história da sua família. Que tal começar a desenhar a sua árvore agora mesmo? É um jeito de ir regando o seu passado para que ele nunca desapareça.

Vou começar a pesquisa da família Simão neste momento (viu, mamãe?). Quem sabe a gente não se encontra em algum galho por aí?

Vovô, mamãe e eu

Lista de nomes e seus significados

Meninas

a
ABIGAIL	(hebraico) Alegria dos pais
ADELAIDE	(teutônico) Princesa da terra
ADÉLIA	(teutônico) Nobre
ADRIANA	(latim) Obscura
ALCIONE	(grego) Estrela
ALESSANDRA	(grego) Que resiste aos homens
ALEXANDRA	(grego) (feminino de Alexandre) Protetor de homem
ALICE	(grego) Legítima
ALINE	(celta) Graciosa, atraente
AMANDA	(latim) Digna de ser amada
AMÉLIA	(francês) A que é trabalhadora e ativa
ANA	(hebraico) Cheia de graça; a benéfica
ANASTÁCIA	(grego) Ressurreição
ANDRÉA	(grego) (feminino de André) Mulher de poder, forte
ÂNGELA	(grego) Mensageira; (latim) anjo
ANTÔNIA	(latim) A que não tem preço
APARECIDA	(hebraico) A que surgiu
ARACI	(tupi) Mãe do dia, o nome da estrela-d'alva
AUGUSTA	(latim) Nobre, glorificada

b
BÁRBARA	(grego) Estrangeira
BEATRIZ	(latim) Beata, bem-aventurada, feliz
BERENICE	(grego) Portadora de vitória
BETH	(aramaico) Casa
BIANCA	(italiano) Branca, clara
BRUNA	(teutônico) Escura, parda

c
CACILDA	(teutônico) Lança que combate
CAMILA	(etrusco) Que serve aos sacerdotes
CARMEM	(hebraico) Jardim de Deus; (latim) canto, poema
CAROLINA	(germânico) (feminino de Carlos) Fazendeiro
CASSANDRA	(grego) Auxiliar do homem
CATARINA	(grego) Pura, imaculada
CÁTIA	(russo) Diminutivo de Catarina
CECI	(tupi) Mãe superior
CECÍLIA	(etrusco) Cega, sem visão
CÉLIA	(latim) Celestial
CIBELE	(grego) A grande mãe dos deuses
CÍNTIA	(grego e latim) Natural de Cinto
CLARA	(latim) Brilhante, luminosa
CLÁUDIA	(latim) Coxa, manca
CLEIDE	(celta) Princesa
CLÉLIA	(grego e latim) Gloriosa
CONCEIÇÃO	(latim) Geração, concepção
CRISTINA	(latim) (feminino de Cristino) Ungido de Deus

d
DALVA	(latim) Estrela matutina
DANIELA	(latim) Deus é meu juiz
DÉBORA	(hebraico) Abelha
DEISE	(anglo-saxão) Olho do dia, miniatura do Sol
DENISE	(grego/latim) Variante feminina de Dioniso, o deus do vinho
DIANA	(latim) Divina
DIRCE	(grego) Fonte
DOLORES	(espanhol) Dores, pesares
DULCE	(espanhol) Doce

e
EDNA	(hebraico) A que sabia o segredo da renovação
ELAINE	(francês) Tocha
ELEONOR	(árabe) Meu Deus é luz
ELIANA	(grego) Beleza resplandecente
ELISABETE	(hebraico) Consagrada
EMÍLIA	(latim) A que é trabalhadora e ativa
ÉRICA	(norueguês ou germânico) Sempre poderosa
ESMERALDA	(francês antigo) O verde brilhante
ESTELA	(latim) Estrela
EUGÊNIA	(grego) (feminino de Eugênio) Bem-nascido, nobre
EUNICE	(grego) Bela vitória, vitoriosa

f
FABIANA	(romano) Fava, plantadora de favas
FABÍOLA	(latim) Pequena fava
FÁTIMA	(árabe) Mulher perfeita
FERNANDA	(germânico) Ousada, corajosa
FLÁVIA	(latim) A de cabelos louros
FRANCISCA	(italiana) Francesa

g
GABRIELA	(hebraico) Enviada de Deus
GERTRUDES	(teutônico e latim) Força da lança
GILDA	(teutônico) Valorosa
GISELE	(variante de Gisela) Refém
GLÓRIA	(latim) Bem-aventurada
GRAZIELA	(variante de Grazia) Graciosa

h
HELENA	(grego) Tocha, luz, luminosa
HELOÍSA	(variante de Luísa) Guerreira famosa
HILDA	(teutônico) Donzela de batalha
HORTÊNCIA	A que cultiva o jardim ou horta

i
INÊS	(grego) Pura, casta
INGRID	(sueco) Em forma de guerreira
IRACEMA	(tupi) Nascida do mel
IRAN	(tupi) Abelhinha
IRENE	(grego) Paz
ÍRIS	(grego) Ligeira, veloz
ISABEL	(hebraico) Paz
ISABELLA	(latim) (variante de Isabel)

JANAÍNA	(africano) Rainha do mar
JANDIRA	(tupi) Nosso mel
JÉSSICA	(hebraico) Cheia de riqueza
JÚLIA	(latim) A luzente, a brilhante
JULIANA	(latim) A que pertence a Júlio

| KAREN | (árabe) (diminutivo de Catarina) Pura, imaculada |
| KARINA | (grego) (variação de Catarina) Pura, imaculada |

LAÍS	(grego) A democrática, popular
LAURA	(latim) Vitória, louvor
LEILA	(árabe) O mesmo que Layla Negra como a noite
LETÍCIA	(latim) Alegria
LÍVIA	(grego) Lívida, pálida
LÚCIA	(latim) Luminosa, iluminada, brilhante
LUCIANA	(latim) (variante de Lúcia) Iluminada
LUÍSA	(latim) (feminino de Luís) Guerreiro famoso

MAGALI	(provençal) (diminutivo de Margarida) Pérola
MAIARA	(tupi) A sábia
MAÍSA	(grego) Pérola
MARCELA	(feminino de Marcelo) Martelinho
MÁRCIA	(latim) Consagrada a Marte
MARGARIDA	(latim) Pérola
MARIA	(hebraico) Mágoa, soberana, senhora
MARIANA	(latim) (variante de Maria)
MARTA	(aramaico) Senhora
MELISSA	(grego) Mel de abelha
MOEMA	(tupi) Doce, adocicada
MÔNICA	(grego) Um, solitária, sozinha

| NÁDIA | (sânscrito) Espírito de luz; (russo) Esperança |
| NATÁLIA | (latim) Dia do nascimento |

| OFÉLIA | (grego) Serpente, cobra |
| OLÍVIA | (latim) Oliveira |

PALOMA	(espanhol) Pomba
PÁMELA	(greco-latino) Muito doce
PATRÍCIA	(latim) Conterrânea, mesma pátria
PAULA	(latim) Pouca, pequena
POTIRA	(tupi) Flor

RAFAELA	(feminino de Rafael) Deus o curou
RAQUEL	(hebraico) Mansa como uma ovelha
REBECA	(hebraico) A que liga
REGINA	(latim) Rainha
RENATA	(latim) Renascida
RITA	(diminutivo de Margarete) Pérola (ou de Margarita) Flor
ROBERTA	Famosa pela glória
ROSANA	(inglês) Rosa graciosa

SABRINA	(hebraico) Judia nascida em Israel
SAMANTA	(aramaico) A que ouve
SANDRA	Forma reduzida de Alessandra
SILVANA	(latim) Da selva, silvestre
SÍLVIA	(latim) Da selva
SIMONE	(latim) A que ouve
SOFIA	(grego) Sabedoria, ciência
SOLANGE	(francês) Solene, majestosa
SÔNIA	(russo) Sabedoria, ciência
SUSANA	(hebraico) Lírio gracioso

TAÍS	(grego) A que se admira
TÂNIA	(russo) Vitoriosa, triunfante
TATIANA	(russo) Do papai; (latim) Nome de um clã romano
TERESA	(espanhol) Caridosa

| ÚRSULA | (latim) Ursinha |

VALÉRIA	(latim) Cheia de saúde
VANESSA	Nome de um certo tipo de borboleta
VÂNIA	(inglês) Forma diminutiva de Vanessa
VERA	(latim) Verdadeira
VIRGÍNIA	(latim) Virginal
VIVIANA	(latim) Viva, com vida

| WILMA | (teutônico) (diminutivo de Wilhelmina) Protetora |

| YARA | (tupi) Sereia, mãe-d'água |
| YASMIN | (árabe) Branca |

ZÉLIA	(grego) Zelo, anagrama de Eliza
ZULEICA	(persa) Radiante beleza
ZULMIRA	(alemão) Excelente, brilhante

Meninos

ABELARDO	(teutônico)	Nobre absoluto
ADALBERTO	(teutônico)	Nobre e belo urso
ADEMAR	(teutônico)	Guerreiro, glorioso
ADOLFO	(teutônico)	Herói e bravo guerreiro
ADRIANO	(latim)	Pessoa morena
AFONSO	(teutônico)	Nobre, atencioso
ALBERTO	(teutônico)	O ilustre
ALEXANDRE	(grego)	Defensor da espécie humana
ANDRÉ	(grego)	Forte, viril
ÂNGELO	(grego)	Anjo ou mensageiro
ANTÔNIO	(latim)	O que não tem preço
ARMANDO	(teutônico)	Homem de exército
ARNALDO	(latim)	Forte como uma águia
ARTUR	(celta)	O nobre, o generoso
AUGUSTO	(latim)	Dignidade majestática

- BENJAMIM (hebraico) Filho da mão direita
- BERNARDO (teutônico) Forte como um urso
- BONIFÁCIO (latim) O que faz o bem
- BRUNO (teutônico) Escuro, pardo

- CAIO (latim) Feliz, contente, alegre
- CARLOS (teutônico) Fazendeiro
- CASSIANO (latim) Muito equitativo
- CÁSSIO (latim) Distinto, ilustre
- CAUÃ (tupi) Gavião
- CELSO (latim) Alto, elevado
- CÉSAR (latim) Cabeleira longa
- CLÁUDIO (latim) Coxo
- CLÉBER (teutônico) Padeiro
- CLÓVIS (teutônico) Guerreiro famoso
- CONRADO (teutônico) Conselheiro prudente
- CRISTIANO (latim) (variação de Cristino) Ungido do Senhor

- DANIEL (grego) Deus é meu juiz; anjo da guarda
- DANILO (escandinavo) O dinamarquês
- DAVI (hebraico) O amado
- DÉCIO (latim) O décimo filho
- DÊNIS (grego) Deus do vinho
- DOUGLAS (gálico) Da água escura ou preta

e

- EDGAR (teutônico) Próspero, lanceiro
- EDMUNDO (anglo-saxão) Próspero, protetor
- EDSON (anglo-saxão) Filho de Eduardo
- EDUARDO (anglo-saxão) Próspero, guardião

- ELIAS (hebraico) Jeová é o meu Deus
- EMANUEL (hebraico) Deus está nos corações dos homens puros
- EMÍLIO (etrusco e latim) Solícito, zeloso
- ENZO (italiano) variante de Lorenzo
- ERNESTO (anglo-saxão ou teutônico) Combatente, dedicado
- EVANDRO (grego) Homem valente, varonil

- FABIANO (latim) Feijão crescendo
- FÁBIO (origem) (variação de Fabiano) Fava que cresce
- FABRÍCIO (latim) Artífice, ferreiro, artesão
- FELIPE (grego) O que gosta de cavalos
- FERNANDO (teutônico) Ousado, alto
- FLÁVIO (latim) De cabelos ruivos ou louros
- FRANCISCO (latim) Francês, homem livre
- FREDERICO (teutônico) Dirigente da paz

- GABRIEL (hebraico) Enviado de Deus
- GERALDO (teutônico) O que governa com lança
- GERSON (hebraico) Peregrino, estrangeiro
- GILBERTO (anglo-saxão) Refém brilhante
- GIOVANI (italiano) (plural de Giovane) Jovem
- GLAUCO (grego) Verde-azulado
- GUILHERME (teutônico) O protetor

h

- HAMILTON (inglês) Aldeia da montanha
- HAROLDO (escandinavo) Chefe de exército
- HEITOR (grego) Possuidor, guardador
- HÉLIO (grego) Sol
- HENRIQUE (teutônico) Príncipe poderoso
- HUGO (teutônico) Ajuizado, alma brilhante
- HUMBERTO (teutônico) Espírito brilhante

- IGOR (escandinavo) Defensor de Ingor, divindade germânica
- INÁCIO (latim) Ardente
- IRINEU (grego) Homem da paz
- IVAN (russo) Forma russa de João

- JAIR (hebraico) O iluminado de Deus
- JAIRO (variação de Jair)
- JÂNIO (latim) Referente ao deus Jano
- JEREMIAS (hebraico) Escolhido por Deus

j

JERÔNIMO	(grego)	Nome sagrado
JOÃO	(hebraico)	Deus é gracioso
JOAQUIM	(hebraico)	O elevado de Deus
JONAS	(hebraico)	Pomba
JOSÉ	(hebraico)	O que acrescenta
JÚLIO	(latim)	Cheio de juventude

l

LAERTE	(grego)	Formiga, salvador do povo
LAURO	(latim)	Coroa de folhas de louro
LEANDRO	(grego e latim)	Homem leão
LEONARDO	(francês)	Leão bravo, coração de leão
LEONEL	(francês)	Filhote de leão
LEOPOLDO	(teutônico)	Ousado para o povo
LORENZO	(latim)	Coroado de louros, vitorioso
LUCAS	(latim)	Natural da Lucânia, terra da luz
LUCIANO	(latim)	(derivado de Lúcio) Nascido com o dia
LUÍS	(teutônico)	Guerreiro famoso

m

MANUEL	(hebraico)	Deus conosco
MARCELO	(latim)	Pequeno martelo
MÁRCIO	(latim)	Nome com que os guerreiros invocavam Júpiter
MARCOS	(latim)	Deus da guerra, Marte
MÁRIO	(latim)	Homem másculo
MATEUS	(hebraico)	Dom de Jeová
MAURÍCIO	(latim)	De pele escura, moreno
MIGUEL	(hebraico)	Deus é justo, incomparável
MILTON	(grego)	Vermelho
MOACIR	(tupi)	Pessoa que magoa
MOISÉS	(hebraico)	Salvo das águas
MURILO	(espanhol)	Pequeno muro

n

NÉLSON	(anglo-saxão)	Filho de campeão
NICOLAU	(grego)	Povo vitorioso

o

ORLANDO	(teutônico)	Do país famoso
OSCAR	(nórdico)	Lança de Deus
OSIAS	(hebraico)	Rei de Judá
OSMAR	(anglo-saxão)	A glória dos deuses
OSVALDO	(anglo-saxão)	Deus poderoso
OTÁVIO	(latim)	Oitavo filho

p

PAULO	(latim)	De baixa estatura
PEDRO	(grego e latim)	Rocha
PÉRICLES	(grego)	Muito glorioso

r

RAFAEL	(hebraico)	Deus o curou
RAIMUNDO	(gótico)	Protetor
RAUL	(anglo-saxão)	Combatente prudente
REGINALDO	(anglo-saxão)	O que governa por meio de conselhos
REINALDO	(teutônico)	Bravo
RENATO	(latim)	Renascido
RICARDO	(anglo-saxão)	Rei poderoso
ROBERTO	(anglo-saxão)	Brilhante na glória
RODOLFO	(teutônico)	Lobo famoso
RODRIGO	(espanhol e italiano)	(forma espanhola e italiana de Roderick) Poder na fama
ROGÉRIO	(teutônico)	Afamado com a lança
RONALDO	(teutônico)	O que governa com mistério
RUBENS	(origem)	(variação de Rubem) Leão ou lobo; sol brilhante, avermelhado
RUI	(francês)	Rei

s

SALOMÃO	(hebraico)	O pacífico
SAMUEL	(hebraico)	Seu nome é Deus
SANDRO	(latim)	(abreviação de Alexandre) Defensor da espécie humana
SAUL	(hebraico)	O alcançado por meio de orações
SEBASTIÃO	(grego)	Sagrado
SERAFIM	(hebraico)	Ardente
SÍLVIO	(latim)	(forma masculina de Sílvia) Da selva

t

TADEU	(aramaico)	O amável
TALES	(grego)	Verdejar
TIAGO	(bíblico)	(abreviação de Santiago) Alegre
TIMÓTEO	(grego)	O que honra a Deus
TÚLIO	(grego)	Nome de famoso orador romano

u

UBIRAJARA	(tupi)	Senhor da lança, lanceiro
UBIRATÃ	(tupi)	Pau rijo, lança rija
ULISSES	(grego)	O irritado

v

VALDEMAR	(teutônico)	Governador
VALTER	(teutônico)	Dirigente do exército
VANDERLEI	(holandês)	Das ardósias
VICENTE	(latim)	Vencedor
VINÍCIUS	(latim)	Vinicultor
VÍTOR	(latim)	Vencedor
VLADIMIR	(eslavo)	Rei ou governante famoso

w

WAGNER	(teutônico)	Fabricante de vagão
WILLIAM	(teutônico)	Protetor
WILSON	(anglo-saxão)	Filho de William

Referências bibliográficas

BOULOS JR., Alfredo. *Imigrantes no Brasil (1870-1920)*. São Paulo, FTD, 2000.

CARNIER JR., Plínio. *Imigrantes*. São Paulo, FTD, 2000.

MEMORIAL DO IMIGRANTE. *Introdução à história da hospedaria de imigrantes em seus aspectos institucionais e guia do acervo*. São Paulo, Série Resumos, n. 6, 2000.

WOLFMAN, Ira. *Climbing your Family Tree*. Nova York, Workman Publishing, 2002.

WULFFSON, Don L. *The Kid Who Invented the Trampoline*. Nova York, Dutton Children's Book, 2001.